BRASIL!

REPÚBLICA

DO

CAFÉ...

SUCURSAL DA

LAMA!

JEREMIAS F. TORRES

INTRODUÇÃO

Os últimos acontecimentos ocorridos no Brasil, que "milagrosamente" fizeram o dólar "cair" e bolsa manter-se em alta, durante todo dia, algo que não se via há meses, fizeram recordar de algo que se passava na minha primeira infância!

Andando lá pelas cercanias dos matagais verdes, floridos e dos quais eu deveria ter muita boa recordação se fosse a desestruturação da família, o desprezo e a fome, seriam ótimas recordações para ilustrarem os pensamentos a se fixarem no livro de romance!

A realidade nua e crua, estraga tudo!

Mas, excetuando-se os inconvenientes citados, os campos, o cheiro de mato após a chuva, as trilhas e os caminhos entre as árvores, eram magníficos!

Sendo assim, me deparava-me muitas vezes com pequenos riachos, circundados por arvores curvadas sobre eles e mesmo assim, podia-se contar com a sutil sombra proporcionada e ao mesmo tempo se observar o solo do leito, recoberto por milhares de pequenas pedras calcárias, no entanto, tudo isso, me passava completamente despercebido, pela pouco idade principalmente e por outros como dito!

Entretanto, havia também, espécies de pequenas represas, das quais, nada se vida de água, somente a erva verde sobre sua superfície, na verdade um grande perigo, mas, poucas ou nenhuma morte tomei conhecimento, devido ao pouco fluxo de pessoas, o respeito com o meio ambiente e o controle rígido dos pais para com seus filhos, exceto quando a mãe ou o pai, tivesse um filho com a rebeldia desses que vos dita, que vos conta essa história!

Mas, o que mais me impressionava à época, era alguns outros reservatórios de águas escuras, cujo fedor que exalava quando se pisava e afundava-se os pés em seu leito, era, simplesmente nauseabundo!

Era difícil entender e talvez ainda hoje eu não entenda muito bem como era possível, águas tão próximas, terem tão singular manifestação de espécies sobreviventes em seu interior, aliás, peixe naquela podridão não havia, enquanto que ali próximo, algumas espécies proliferavam!

Quando se pisava ali, o cheiro ruim, se espalhava a metros de distancia, em partes se assemelhava ao mangue onde existe algumas espécies de caranguejos, que vivem em outro ambiente similar e putrefato, mas, ali, pelo menos aparentemente não havia nada para se pescar e para se comer!

Esses últimos acontecimentos que trouxeram à tona parte ínfima da corrupção que enlameia o país, me deixaram bastante desanimado, com a clara certeza de que o país não tem jeito!

O homem mais honesto do mundo que ocupe algum cargo de destaque nesses governos, se corrompe e isso não quer dizer que o antipenúltimo que saiu seja lá de alguma maneira honesta!

Mas, para mim, a impressão que ficou, foi que existe lama fétida nos arredores do poder Legislativo, sem nenhuma história de precedente "nessa escala!"

E para piorar ainda mais a situação, o cinismo desse homem que um dia eu também fui partidário, é de dar nojo!

Todo ser humano na face Terra, de qualquer nacionalidade que seja, fica contente, quando um criminoso vem a público e de verdade confessa seus crimes. Ele não vai ser absolvido. Ele não vai ser perdoado. Ele não vai ser ovacionado, mas, os olhares da população para si, serão diferentes!

Ao contrário, como a sociedade odeia, ainda que inconscientemente os cínicos, os indiferentes e os canalhas!

Esses, sabedores que ainda existe um ou outro que acredita em suas mentiras, ainda tem certeza da impunidade, ainda acredita que tem chance de ser novamente eleito e continuar a dinastia do "desvio", usam seu pretenso poder de oratória, para desviar o foco de si e outorgar sua culpa a outrem e se esse mesmo, atribuir a culpa de sua desonestidade ao vento, a temperatura, a falta de alimentação na infância, milhares, escute bem isso, milhares, acreditarão nele!

<u>**CAPÍTULO I**</u>

<u>**PARTE I**</u>

<u>**UM HOMEM, UM MITO, UM ENGODO!**</u>

Sentindo-se numa espécie de obrigação de agradecer, esse homem perdeu a maior oportunidade de sua vida, de permanecer calado e se tornar simplesmente um ícone, depois de ter sobrevivido a tanta corrupção, desmandos, troca de interesses e acordos escusos!

Aposentado, perdeu a maior oportunidade de sair de fininho, assumir uma postura adequada, se revestir de austeridade e retribuir de outra maneira o cargo ocupado, não necessariamente por sua defesa prévia, inútil!

Deixara o cargo com um índice de popularidade acima dos 80%, retornou à mídia, não ao cargo, para ver esse mesmo índice despencar para 0%, dada as suas declarações em prol da antiga presidenta e do ex-presidente, totalmente destituídas de critério!

Joaquim Barbosa, simplesmente, inovou e surpreendeu!

Surpreendeu com sua posição política totalmente equivocada!

Inovou, porque conseguiu destruir sua imagem consolidada em curtíssimo espaço de tempo!

Ele que por um tempo andara lastimando que no começo de sua carreira até chegar a presidência do STF, havia sofrido discriminação, havia sido preterido, inúmeras vezes, por causa da cor de sua pele, etc., dera a volta por cima, ocupou o cargo, anteriormente, somente destinados a brancos, conseguiu...

Conseguiu realizar uma dupla façanha, ainda que às avessas!

Em outras circunstâncias, eu não teria o mínimo pudor em afirmar categoricamente, que ele traíra sua própria história, que ele se autoenganara e acima de tudo, demonstrou uma capacidade de raciocínio, infinitamente inferior a grande maioria do povo brasileiro e como negro, que queria provar que conseguira fazer a diferença, manchou tudo na saída!

A sua posição sensata nos julgamentos do STF, testemunhada por milhares de pessoas, ficara completamente abalada, após sua vinda a público, falar em prol de uma pessoa, que todo sabe que sabia de tudo a respeito do desvio de verbas, aliás, antes mesmo disso tudo, antes de ser economista, antes de ser cabo eleitoral do antigo presidente, antes dela mesmo "virar" uma, N U N C A fora inocente, e acredito que ele também sabia disso!

O que leva a um homem relativamente sensato, conspurcar sua vida e macular sua trajetória é um mistério, talvez respondido pela pretensão, orgulho exacerbado, alienação mental, vai saber!

O fato é que, de amado, passou a ser rapidamente odiado!

Tudo poderia ser bem diferente, mesmo que mantivesse sua opinião e a guardasse somente para si, fosse para um sítio não muito distante, comprasse alguns pares de aves e quadrúpedes e vivesse os próximos anos sem se meter na política desastrada dos outros!

<u>**CAPÍTULO II**</u>

<u>**PARTE II**</u>

ASSUNTOS PASSADOS ATUAIS

Existem assuntos que dificilmente se esgotam, ainda que se fale muito, resta muito mais ainda para ser comentado, observado e "enriquecido!"

Quando não, a própria opinião geral, cuida para que eles mesmos se tornem, digamos assim, menos interessante para o momento!

Fato interessante no caso, um homem aparentemente sensato, ocupando tão relevante cargo!

Muito mais interessante ainda, tal cargo ser ocupado por um descendente direto de escravos, um negro, o qual, após ter sobrepujado todas as limitações, conseguiu chegar aonde muitas pessoas com facilidades materiais, étnicas, etc., não o conseguirão e diga-se de passagem, um negro e um negro "não tão bonito assim!"

Certa feita, há muitos anos atrás, me meti a treinar o suficiente para correr uma maratona, ou seja, 42 quilômetros cento e noventa e cinco metros!

A comparação é arcaica, o comprometimento é prosaico, mas, ilustra o inusitado!

Corri dentro das minhas condições os 41 quilômetros, restando os últimos 1 quilômetro cento e noventa e cinco metros, quando ocorreu o que geralmente acontece para os corredores que não são maratonistas propriamente ditos, uma subida queda de pressão, fraqueza nas pernas, na mente, no coração e simplesmente estanquei, parei!

À exemplo de um pobre quadrúpede que se recusa a dar um passo a mais, conhecidamente como burro, eu me assemelhei: daqui não saiu daqui ninguém me tira!

Passava por ali uma "boa alma" (também corredor), literalmente, me pegou pela mão e fez dar alguns passos, peguei embalo e concluir o trajeto, destruído, moralmente em queda, mas, concluir!

Moral da história: todo o trajeto em que eu corri, durante os 98,7 % da prova, nada significaria se eu não concluísse, pois, à época (1987), não se davam medalhas ao não concludentes!

Nada teria valido se eu não houvesse acabado direito, o que eu havia começado!

Então, é mais u menos assim: a um homem médio (sem desmerecer ninguém), não pode ser exigido mais do que possa ter e menos que permitiria sua visão de mundo, o mesmo critério, contudo, não vale para autoridades, pois, concorreram a isso (para o cargo), sabem perfeitamente o que querem e o que queriam!

Quando de fato, são inocentes, assim o são, porém, quando são consideradas culpadas por erros em suas interpretações, equívocos em suas observações e pontos de vista, qualquer desculpa não é simplesmente aceita sem uma outra muito mais complexa do que a primeira!

A um homem médio, é dada a prerrogativa de expressar suas opiniões livremente sem prejuízo a ninguém! Por que?

Que peso político tem a opinião de um integrante das massas populares individualmente?!

Ao contrário, que fique claro, não é mérito, é "equação!"

Ele pode vir público, defender seu candidato, sua candidata, falar que ela/ele é o mais honesto da face da Terra, falar que põe a mão no fogo por ele/ela, mas, não teve acesso as "planilhas de custo", as provas estão ali, o dinheiro foi desviado, mas, ele não acredita, é o que vale para si!

Muito diferente é a opinião de um ex integrante de uma Corte, muito importante, aliás, faça-se uma ressalva, hoje, muito mais importante pelo seu nome, do que pelos seus componentes, falar abertamente o que pensa sem imaginar as consequências do infame ato, pior para ele, que fora Presidente da tal Corte Suprema!

Perdeu a credibilidade!

O brasileiro, pode até ser desinformado, mas, não é ignorante!

E diante de tanto escânda-lo, desvio de dinheiro público, contas no exterior, mandados de condução coercitivas, prisões, condenações, etc., ex-Ministro Joaquim Barbosa, o senhor basicamente traiu os brasileiros, que apostavam suas fichas na sua pessoa e em nome da grande maioria eu encerro esse assunto, lastimando sua escolha e lhe dizendo o que muitos gostaria de transmitir: meus pêsames, a história vai contar o resto!

CAPÍTULO III

POR QUE A GRANDE MAIORIA DAS PESSOAS TROCAM O CARÁTER POR DINHEIRO?

O homem e a mulher já nascem desejando algo!

E desde o primeiro momento como seres humanos já choram para chamar a atenção para algo que desejam!

Com o passar do tempo e o crescimento do corpo, esse desejo aumenta até a decrepitude, quando começa a compreender que boa parte de suas conquistas foram meros caprichos individuais, mas, até atingir essa visão, se é que alguns atingirão, muitas aventuras vão enfrentar por essas ruas sinuosas e perigosas pertencente ao destino de cada um!

Muito não sobreviverão até o final, para ver como vai ser e como vão ficar!

No auge de uma vida plena, cheia de satisfação, é muito difícil, o indivíduo parar para refletir sua trajetória na vida, sobre sua existência!

Quando é dado então, aos "prazeres da vida", bebida, fumo, jogo, comida, mulheres, etc., não aceita que possam existir outras formas de se viver sem esse sem excesso!

Um exemplo arcaico pode ilustrar essa definição!

Você vai tomar uma perigosa estrada num dia de chuva, para realizar uma viagem imprescindível e pergunta a um viajante mais experiente: essa estrada é perigosa?

O outro sabiamente responde: "deixe para viajar quando não estiver chovendo, pois, os obstáculos em dia e noite de chuva, são basicamente intransponíveis!"

Você ou outro alguém, descrente adentra a auto estrada e assume todos os riscos!

Pode ser que sobreviva, pode ser que não!

Pode ser que saia ileso, pode ser que não!

O homem e a mulher que tomam aquele caminho sinuoso, é quase certo que vão sair feridos!

Ninguém, ninguém na face da Terra poderá fazer o caminho por mim ou por você, ou por ele, a não ser que queira!

Com efeito, o dinheiro vindo ter em abundância as mãos dessas pessoas, elas se vem quase numa obrigação de serem desonestas e "passarem a perna", no semelhante, para eles, no entanto, os cuidados com a estrada que tomarem serão os mesmos dos outros e vão pagar exatamente por suas escolhas!

Critica-se enfaticamente os políticos por serem tão desonestos!

Critica-se, aliás, com justa razão, mas, fato é que, troque-se todos por homens e mulheres que pensam igual a eles e farão a mesma coisa!

Não! Gritarão alguns.

“Faremos tudo diferente!”

Mentira! Farão tudo exatamente igual!

Por esses dias, eu vi um homem chorar e provavelmente você também viu!

Jurava ele, do fundo de seu coração (segundo ele) e pode ser que até fosse verdade, "que não vou dormir enquanto o brasileiro, não tomar café da manhã, almoço e janta!"

Não cumpriu a promessa nem da primeira refeição: o café da manhã!

No final, somente quem acabou comendo, bebendo e dormindo às custas do povo, fora ele e sua família e na conta, também entrou dezenas de imóveis e o mais "simplizinho" deles, foi aquele que com justa razão comparou um programa de moradia popular chamado de "Sua Casa; Sua Vida!"

Tá, qual espécie de homem fará a diferença?

Um santo? Um completamente honesto? Qual?

Não, apenas um que não seja tão desonesto e também não totalmente egoísta e principalmente, que não seja mau caráter!

Pois acima de tudo, detectei que o ex presidente Luiz Inácio Lula da Silva, assim como seus antecessores, Fernando Collor de Melo, Fernando Henrique Cardoso, todos são destituídos de completa dignidade, para transformá-los por exemplo, num grande homem e um bom presidente, como se tornou, por exemplo, em seu país Barack Obama, amado, inclusive, ele que é negro, por brancos também!

Enfim, se havia alguma sinceridade nas palavras de Lula, trocou tudo por dinheiro e diga-se de passagem, muito dinheiro, mas, quanto vale o caráter de um homem? Um dólar? Um Real? Ou um bilhão de dólares?!

Eu acredito que caráter e dignidade não se pode comprar!

Herodes, fora rei na época naqueles tempos, Pôncio Pilatos, Governador da Judéia, embora fosse romano e Jesus, um simples carpinteiro, mas, sua dignidade e seu caráter, perto dos dois outros, assemelhava-se como o Sol, sobre duas míseras velas!

Cada um tem o seu caráter e cada um sabe o valor que ele tem!

Mas, para alguns, vivendo bem, gozando, usufruindo, etc., pouco importa o que virá depois e isso com certeza é um grande erro, como verão depois!

CAPÍTULO IV

NÃO PODERIAM FAZER MELHOR DO QUE ISSO!

\-   (os políticos)

Há um tempo atrás eu tinha grande dificuldade para entender, uma frase comum que ouvia muitas vezes: "o grande mal da humanidade deriva do egoísmo!"

Graças aos senhores políticos brasileiros, compreendi na íntegra o axioma!

O egoísmo, é verdade, só permite ao indivíduo olhar para seus problemas e no máximo, o problema de seus familiares!

Ignora os problemas do semelhante, pensando somente em obter vantagens, durante todo o tempo e o tempo todo, e investido de um cargo público, legitimamente colocado pelo povo, esquece completamente o objetivo pelo qual foi eleito e começa a dilapidar o patrimônio público!

O poder, o conforto, a honra, a bajulação, transforma-o totalmente, fazendo-o completamente cego, fazendo com que esqueça seus eleitores e a Nação!

Mesmo porque, não possui crença ou religião e se alguma possui, agede maneira completamente diversa daquilo que está na Bíblia, porque "tem certeza absoluta, que nenhum mal, lhes há de chegar!"

Os políticos brasileiros, disso eu não tenho a menor dúvida, estão entre os mais corruptos da face da Terra!

A grande maioria é composta por desonestos, então adotam a seguinte filosofia: "quem 'rodar' primeiro, vai ser o 'boi de piranha!"

Uma espécie de pacto!

A coisa funciona mais ou menos assim: vão se apropriando do erário público, investindo nos paraísos fiscais, terras, mansões, etc., quando um ou outro "cai" nas garras da Lei, os outros, "descem" a "lenha" nele, para "limpar a barra", dos que ainda estão em liberdade!

O problema é o caráter!

O que leva um indivíduo que ganha na faixa dos R$ 40.000,00 , R$ 50.000,00, onde a grande maioria sobrevive com um parco salário mínimo, necessitar de R$ 4.000.000,00 , (quatro milhões), R$ 60.000.000,00 (sessenta milhões), etc.?

E mesmo preso continua sua "jornada de desonestidade!"

Se pelo menos fossem tementes a Deus, de verdade, saberiam: que não cai uma folha de uma árvore sem que Ele o queira! Nada acontece sem que Ele permita e todo dinheiro ganho desonestamente, sob qualquer pretexto que seja, terá que ser devolvido, leve o tempo que levar!

Se fossem tementes a Deus, não prometeriam café da manhã, almoço e janta para todos os brasileiros e carentes e depois desviariam, para os paraísos fiscais como o homem do tríplex, fortuna igual ou maior que a do Bill Gates (algo em torno de R$ 40.000.000.000,00, ou seja, 40 bilhões de reais), deixando aqueles que acreditaram sem sequer o café da manhã!

Seja como for, não o poderiam fazer melhor, é sua natureza!

A natureza do leão, no final, é matar para comer!

Do tigre, do urso pardo e do urso do ártico também!

A desses senhores, ao que tudo indica é somente "surrupiar" alguém!

CAPÍTULO V

<u>SOBRA DE CAMPANHA DE CABRAL!</u>

Inquirido em juízo, o "prisioneiro", Sérgio Cabral, ex-Governador do Rio de Janeiro, sobre como comprava as tantas jóias, para sua esposa, respondeu que era dinheiro de "sobra de campanha!"

Mas, a pergunta que se faz é: quando foi que foi regularizada, regulamentada, essa tal de "sobra de campanha?!"

Logicamente, resquício do tal de "caixa 2", onde referidas importâncias, não poderiam aparecer em lugar nenhum, somente no banco e no bolso do estelionatário, ou melhor, do candidato!

É sem contradita, a classe mais desprestigiada, mais cínica, mais cara de pau, mais sem noção, mais desonesta, etc., que qualquer outra classe que existe aqui no Brasil, essa horda de políticos!

O desgraçado preso, perdeu a noção e não compreendeu que essa tal de sobra de campanha, foi muito usada em outros tempos, onde tudo era permitido, onde tudo era possível, mas, desde pouco tempo, aliás, muito pouco tempo até agora, esse tipo de palavreado caiu por terra, acabou!

Desde a criação da tal da "alcaguetagem remunerada", os sujeitos mais inescrupulosos, tem tido a oportunidade de redimir os seus crimes, "entregando" os seus pares!

Em outras palavras, furtam juntos, desviam dinheiro público juntos, transportam dinheiro nas cuecas juntos, carregam malas de dólares por aí afora juntos e quando a "casa cái", sem titubear, ou pestanejar, para livrar a própria pele, "deduram" seus amigos, seus companheiros de partidos, seus rivais políticos e em casos extremos, com medo do "xilindró", entregam seus pais, suas mães, seus filhos, etc., e em casos mais extremos ainda, como é o caso emblemático do Lula, entrega a finada esposa e no caso do Aécio, deixa sua irmã ir ter na cadeia, com medo das garras, suaves (para eles) da lei! São uns covardes! São uns patifes!

A tal de sobra de campanha está no mesmo patamar que o dinheiro guardado no exterior por traficantes, contrabandistas de armas, mafiosos e corruptos de toda espécie, porém, ainda no curto entendimento do "preso" (Cabral), seria como uma espécie de doação, sem nenhuma implicação criminosa ou policial!

Dinheiro sem procedência, origem duvidosa, produto de ilícito e de fonte nebulosa, que para qualquer brasileiro, mais ou menos honesto seria crime e proporcionaria desconforto e processos, para ele, mais não foi que "sobra de campanha!"

O pior de tudo não é isso...

O pior de tudo é que o Brasil, não tem leis à altura que obrigue criminosos como esse, a devolver aos cofres públicos e ao povo brasileiro, tudo que lhes foi arrebatado, antes que morra primeiro!

<u>**CAPÍTULO VI**</u>

<u>**PALAVRAS, PALAVRAS, PALAVRAS...**</u>

ao "mestre Dória"

Mais difícil que tolerar as palavras de político "fanfarrão", é não entender como existem pessoas comprovadamente crédulas, que dão crédito ao que ele fala, ou ao que eles falam!

Como é possível existir pessoas que acreditam numa frase como essa: "a cracolândia acabou!"

Não saí de minha casa, isso posto, para confirmar a veracidade de minha fala, mas, entreviste-se os habitantes do entorno da tal "cracolândia e verão exatamente do que estou falando!

Um exército de "mortos vivos", não pode ser eliminado com medida simplista: invade-se, destrói-se, limpa-se e tá tudo certo e pronto. A coisa é bem mais complexa!

De qualquer maneira, é uma "boa" plataforma eleitoral, para quem anseia o cargo presidencial, já que seu "padrinho" não vai ter a mínima chance, dada a sua total falta de carisma, sua falta de desenvoltura, sua dificuldade para se comunicar e sua total ausência da realidade. Imagina-se mesmo se seria um bom "chief" de cozinha, no entanto, é o governador de São Paulo!

Gostaria mesmo que fizesse sentido e fosse verdade a frase: a "cracolândia" acabou!

Atônitos, aturdidos, sequiosos de mais uma dose, uma "pedra" ou um trago, perambulam pelas adjacências os viciados, sem rumo certo e sem objetivo nenhum!

O maior prêmio que poderiam receber de alguém ou do mundo, seria o encerramento de "suas atividades" nesse planeta, uma vez que não servem mais para nada, é verdade, mas, não seres humanos. Maltrapilhos, inconscientes, doentes, fustigados, mas, seres humanos e mais, um dia tiveram sonho, acreditaram em algo, acreditaram mesmo na sociedade e portadores de doença terrível, foram açambarcados pelo vício arrebatador e cooptados pela astúcia envolvente do traficante!

O que o prefeito e governador fizeram, foi simplesmente, espalhar o "problema" por todas as ruas do centro de São Paulo, nada mais. Esse "filme" já foi passado antes, essas atitudes, já foram anteriormente tentadas!

No entanto, a pergunta que não quer calar, persiste: onde será fundada a próxima "cidade do crack?!"

Por enquanto, os viciados se aglomeram em pequenas aldeias e pequenas tribos até finalmente, poderem "desfrutar" novamente, das "benezes", do "oásis", da próxima fundação!

Não há como decretar o fim de uma espécie de cidade nômade, cada vez aumentada por mais e mais habitantes!

Porque acima de tudo, trata-se de um problema moral, psicológico, espiritual, etc., onde a atuação policial e social, ocupa nessa circunstância, plano, meramente secundário!

Solução?!

Duas: a primeira, construção de uma cidade vigiada para essa categoria ou uma mais radical a eliminação total do vício e do viciado!

O povo necessita de ouvir palavras de consolo, ainda que totalmente, destituídas de veracidade, por isso, que ao longo dos anos, a corrupção foi se solidificando de tal maneira no Brasil, que a coisa se tornou endêmica, profunda, arraigada e impossível de ser erradicada como o "crack" e a "cracolândia!"

Se o prefeito fosse realmente sincero, honesto e consciente, antecipara sim sua propaganda de campanha, nos seguintes termos, o que seria cômico, se não fosse trágico: "cracolândia acabou... em breve, uma bem pertinho de você!"

<u>**CAPÍTULO VII**</u>

<u>**CAMPANHA FICA PRESIDENTE!**</u>

Não há muito o que fazer
agora

Para a vida voltar a melhorar

Nada mais resta para fazer

A não ser ver no que vai dar!

Entre a presidenta que saiu

E o outro que quer retornar

E entre esse que ficou

E o outro que pode entrar

Nada de bom pode surgir

Nada de bom pode dar!

Entre o que dilapidou o
Brasil

E este que quer acabar com
a Previdência

Não existe melhor opção ou
escolha

Somente pedir por piedade e
clemência

A Deus, aos Santos a Jesus

Só assim para conseguir
paciência!

Fica Temer! Fazer o que?

Pois do contrário o "golpe
vai vencer!"

Vai voltar o estelionatário e
larápio

Para continuar seu reinado e
prazer

Investindo no futuro e em
sua família

Vendo o crime e a corrupção crescer!

Contudo, não se iluda meu caro

Todo mundo sabe o que você praticou

Também é associado do mal e do crime

Todo mundo sabe que você desviou

Não adianta tentar negar tantas provas

Não adianta dizer que não errou!

Sem carisma, sem atitude, sem graça

É o mínimo que se pode dizer

De seu discurso frio e calculista

O que de pior poderia
acontecer?

Não convence, não
influencia, não atua

Não consegue nem mesmo
elucidar

E se perde em poucas
pretensas palavras

Para que explicar, se é
possível complicar?!

Fica Temer, não é nenhuma
escolha

É uma terrível, uma dura e
cruel obrigação!

Tendo em vista que não há
candidato

Levando-se em conta a
segunda opção!

Fica aí já que o tempo não
para e a vida "corre!"

Mas, dia virá em que o Brasil
vai recordar

Do presidente "tampão" e
destituído

Que nunca conseguiu a
ninguém agradar!

CAPÍTULO VIII

<u>O SEGREDO DA MALA!</u>

Senhor Presidente, o que o povo mais rico do Brasil quer, e inclusive, até o povo mais carente, é acreditar!

É acreditar que a Previdência, não vai ser mais um "engodo", da presidência... Jura que não?! Mas, como é possível lhe dar razão?!

Veja, a posição do povo, avalie de antemão!

Depois daquela delação, as últimas esperanças da sociedade... escapou pelo "ladrão", desculpe a forte expressão!

O senhor tem certeza que vive no mundo ou vive na imensidão?!

Então, como explicar essa equação: só se fala de bilhão e o povo e o aposentado, morrendo de tanta "emoção!"

O outro pegou muito dinheiro, a outra pegou também, o senhor jura de pés juntos que é honesto e do bem, só que a essa altura do campeonato, consegue enganar alguém?!

A Previdência vai "quebrar" e por que a Presidência não quebrou, quando lá o "LULALA", sem pudor e sem clemência, desviou todo o dinheiro que pode, para evitar uma futura carência?!

Compreende o dilema do povo Presidente? Quantas malas transportadas por "malas", o senhor recusou totalmente?!

Como o senhor vai conseguir convencer o mundo, que a Previdência do Brasil vai quebrar, quando se paga o pior salário mínimo da Terra e muitos não vão mais nem se aposentar!

Sinto muito senhor presidente, os seus argumentos são pueris, são dispersos como a voz da Dilma, são "flácidos" como a defesa do Lula, confusos, embora gentis!

Como vai convencer o Brasil, os EUA, a Europa e o mundo inteiro, que propina não vinha na mala e não se tratava de lavagem de dinheiro?!

O senhor acha justo, o velhinho pagar ganhando um "mínimo", quando só se fala de bilhão?

Tem certeza que acabando com a Aposentação, vai conseguir "frear" entre os políticos a sede de corrupção?!

CAPÍTULO IX

<u>MEGA OPERAÇÃO NA "CRACOLÂNDIA!"</u>

Foi deflagrada intensa operação, para a retirada dos "usuários" de drogas, daquela região, extremamente "contaminada!"

Seja como for, alguma coisa tinha que ser feita!

Contudo, é possível limpar o local, revitalizar a área, remover aqueles indivíduos, etc., mas, extinguir o vício e impedir os viciados de se drogarem e fundar outro "espaço", será basicamente impossível!

A priori, faz-se necessário sim, a "energia".

Usuário não entende outra linguagem. Isso para o próprio benefício deles, uma vez, que não manifestam nenhum desejo de pararem de usar o "cachimbo do demônio!"

Posteriormente, no entanto, dentro do possível, atuar constantemente, ininterruptamente para manter a paz no local, pelo menos para os moradores!

Em contrapartida, nunca se pode perder de vista, que está se lidando com um dos grandes flagelos da humanidade: a droga!

Sendo assim, a teoria bastante simplista da Prefeitura e do Governo, de que: a " cracolândia" acabou, soa bastante falso e é claramente uma prévia, propaganda eleitoral!

Ora, se a Holanda, Estados Unidos, Alemanha, etc., não conseguiram erradicar o vício da droga de seus habitantes, dificilmente, o Brasil, São Paulo, na liderança que possui, o conseguiria!

Seria mais nobre (exigir nobreza de políticos, talvez também soa bastante falso), os nobres senhores realmente falassem o que estão patrocinando, ou seja, soluções meramente paliativas, porque, assim como seus usuários, o vício os vai acompanhar!

Levantaram acampamento e droga, "levantou" junto!

Para onde forem, levarão o flagelo. Em outras palavras: infelizmente, outras cracolândias surgirão!

Se numa ação verdadeiramente radical, pegassem todos esses usuários e os internassem, no mês seguinte, outro tanto, na mesma quantidade ou em quantidade maior, surgiria!

Quem dera a definitiva erradicação do vício dependesse da falsa disposição política!

Não restaria mais nenhum! Porém, se em países mais evoluídos a devastação do vício, ainda que circunscritos a locais diversos, tudo continua igual, quiçá num país, onde a corrupção suplanta em muito a virtude, pelo menos, com relação aos homens públicos!

CAPÍTULO X

EXPLICANDO O QUE NÃO EXPLICA!

Se o brasileiro suportar o desemprego, a falta de segurança, as difíceis condições de existência, se ainda assim, persistir, corre o risco de "morrer de raiva" dos políticos!

São dois pesos e duas medidas!

Entre eles, os políticos, o Código Penal, a Constituição Federal, o Código Civil e o Código Eleitoral, tem significado diferente, tem, digamos, uma normal de "moral" muito diferente, do que ocorre com uma pessoa normal!

Se uma pessoa comum, é acusada de qualquer crime, tem que se defender e se não tem advogado e é acusada vai ter uma grande dor de cabeça e quantas vezes, alguns inocentes, vão ter num fundo do cárcere, até disposição em contrário!

Veja esse último caso, nem diria emblemático, mas simplesmente flagrancial, exigindo uma explicação cabal e o que há são conjeturas.

Primeiro o presidente é basicamente flagrado, conversando com um "bandido do colarinho branco", altas horas, trocando confidências sobre o modus operandis do sujeito. Este explicando com alta intimidade, o que fazia o que devia fazer, como fez e o que ainda restava fazer e o excelentíssimo presidente concordando contudo, mais tarde, descoberto, sua única preocupação foi desqualificar o teor da gravação, somente. O fato dele ter se reunido com um bandido, nas dependências de sua residência, é fato isolado e não comprometedor!

Imagine uma pessoa comum, tendo a oportunidade de conversar por uma hora, que seja, com o Marcola, sobre o resultado do campeonato, sobre a política externa, será que algum Promotor, algum Juiz, iria acreditar nesse tipo de argumentação: "Excelências, eu me reuni com o maior bandido do país, mas, foi para discutir trivialidades..." Quem acreditaria?

Lógico, sempre haveria alguém, o pai, sua mãe e muitas vezes, nem esses...

Um emissário do presidente, é filmado, fotografado, gravado, etc., com uma mala, no interior da qual, havia uma pequena parcela de R$ 500.000,00, de um total de R$ 40.000.000,00, destinada a "aposentadoria" do mesmo, e esse, o presidente vem a público, dizer que "não sabia de nada!" Senhor, essa desculpa já tem dono: é do Lula! Usa outra, muda o disco, ou melhor, troca o CD, HD, MP3.

O ódio que vai se espalhando entre os brasileiros , foi o mesmo que eclodiu, quando a população de Líbia, se cansou dos desmandos do ditador Kadhafi, o arrancou do palácio, matou os seus filhos, espancaram-no e como ele tinha fama de violentador, estupraram-no em praça pública e depois o mataram!

Cuidado senhores governantes. Uma rés sozinha, vai para o abate calada é morta, esquartejada e seus miúdos vendidos no mercado e nos açougues. Porém, quando ocorre um estouro de boiada, ninguém segura, ninguém consegue deter...

Não acho que necessita chegar a tanto, dado, a natureza, "mais ou menos pacífica" do brasileiro, mas, como dizia o ditado: "não é bom pagar para ver!"

CAPÍTULO XI

UM FAXINEIRO COMPETENTE; UM MINISTRO DISPLICENTE!

Perante a sociedade e o mundo em geral, o cargo que o sujeito ocupa, logicamente depois da conta bancária que ele possui, é fator bastante importante!

Partindo dessa premissa, no entanto, é forçoso admitir que um indivíduo pode ocupar um alto cargo, sem se mostrar à altura para tanto e mesmo num outro, tido por inferior, ser totalmente competente e ter muito mais capacidade de execução!

Sendo assim, é passível entender que haveria então, um Ministro incapaz e um faxineiro superior, pois, na ordem geral do Universo (nem sei quantas vezes usei essa expressão), todos são iguais!

Cargo, beleza, riqueza, juventude e senectude, nada significam para a vida, pois que, a o nascimento torna os homens iguais e a morte complementa esse quadro!

Um pouco de reflexão, faria o homem refletir mais e ser menos orgulhoso e ser menos egoísta e constatando ser incompetente para ocupação de um posto e colocação tida, por superior, renunciar e declarar a vacância do mesmo!

Tenho visto tanto político incompetente, desonesto e indiferente que desisti de os criticar (só um pouco), contudo um Ministro, é algo notório, diferente!

Só consigo entender certas coisas porque estou no "meu país", no meu Brasil, do contrário em qual lugar do Mundo o Gilmar Mendes exerceria duas funções e teria três salários, pelo amor de Deus?!

Se não bastasse as "pérolas" que solta quando abre a boca, é desagradável, ranzinza, preconceituoso, grosso, mal-educado, horrivelmente feio e inconsequente. Seus comentários, dão medo!

No entanto, é Ministro do Supremo Tribunal Federal e pasmem! Presidente do Tribunal Superior Eleitoral. Ainda bem que existe um lado bom da história e também serve de incentivo(?!)

Qual o lado bom da história?

O lado bom da história é o seguinte: se Lula, Dilma, Fernando Henrique, José Sarney, Roseana, Fernando Collor, Michel Temer, Cabral, Eduardo Cunha e Gilmar Mendes, chegaram tão longe, fazendo o que fizeram e agindo como agiram, sem a mínima condição e nem competência para ocupar os cargos que tiveram (e tem), qualquer um, qualquer brasileiro, que com certeza é mais honesto que qualquer um deles ou muito mais que todos eles juntos, teria total condição de exercer um cargo de relevância com dignidade!

Neles também se cumpre o dito popular que diz que "é possível enganar poucos durante algum tempo. É mesmo possível enganar a muitos durante um tempo maior, mas, não se pode enganar a todos, durante todo o tempo e o tempo todo!" E isso, se encaixa perfeitamente e descreve a figura do ex-presidente Luiz Inácio da Silva. Enganou até o pobre do "Obama", mas, agora foi desmascarado!

Para conseguir recuperar um pouco da moral que a população achava que ele tinha e ele ainda pensa que tem, deveria vir a público e confessar seus crimes, mas, enquanto tiver bajuladores, fanáticos e "puxa sacos", não vai optar por esse caminho...

Mas, voltando ao Ministro, nessas sessões, que marcam o julgamento de duas figuras ímpares na política brasileira, dona Dilma e seu Temer, admoestando um outro colega seu de toga, falou: "fulano de tal, foi lá para o exterior e lá disseram que hoje estamos "caçando" mais que na época da ditadura!"

Uma espécie de pré-defesa do presidente Temer e se referindo a alguns prefeitos, governadores, deputados, ministros mesmo, que foram cassados e alguns deles, presos. Esquecendo, contudo, o Excelentíssimo, de mencionar que são criminosos e só o foram presos, devido a nova mentalidade que está envolvendo alguns membros do MPF, PF e JF e isso me preocupa. Pois, um homem com essa visão, ocupando os cargos que detém, é sim, um real perigo para a democracia brasileira!

Não tem visão, não tem perspicácia e não tem aquele "aparelhinho" que todo homem de bom senso usa quando percebe que não está agradando: "desconfiômetro!"

Esse, não aprende mais nada. Nessa vida não mais vai aprender e se tem algo a ensinar é sim aos jovens e os militantes na área do Direito de como "NÃO" se deve de maneira alguma se comportar e nem opinar!

Se o indivíduo não tem qualquer competência para exercer tão importante função, não estaria praticando uma usurpação?

Seria melhor que fosse um bom pedreiro, um bom mecânico ou um bom faxineiro do que ser um ministro sem noção! Ou não?!

<u>**CAPÍTULO XII**</u>

<u>**"ORGULHO DE SER BRASILEIRO!" (menos um pouco)**</u>

Aonde? Quando? Por que?

Não é "cuspir" no prato que se come, mas, havia sim, no passado, esse sentimento, hoje em dia... nem tanto!

Em lugar nenhum do mundo, onde você pisar, (talvez em Angola ou no Haiti), gozará de um certo prestígio, em nenhum outro local, por ser brasileiro!

O brasileiro, anda com o moral meio baixa! E sem nenhuma moral no exterior!

Até nos países Sul-americanos, ele, possui uma baixa reputação!

Ao contrário dos Americanos, aqui não existe bandeira verde amarela, sobre os telhados das casas dos brasileiros. Não há aquele sentimento de honra, defesa, amor, etc., que há naquele, povo em particular. Por que se dá esse fato?

Por causa dos políticos. Eles são sim os grandes vilões, eles são sim os grandes culpados!

Imagine que de passagem por Buenos Aires (Argentina), fui doar lá uma "caixinha" a um indivíduo, que prestara um serviço, o mesmo imediatamente me admoestou: "non , non propina, non!"

Eu ainda tentei argumentar, mas, não teve jeito, não aceitou o dinheiro e fiquei com "cara no chão!"

Na hora eu lembrei das denúncias contra o Lula, contra a Dilma, Eduardo

Cunha, Renan Calheiros, etc. Ainda, não pesavam as pesadas denúncias contra o "conde" Michel.

Esses desgraçados, quando viajam para o exterior, não tem que lidar com o público comum. Quando viajam, saem do aeroporto, direto para grandes hotéis, tudo devidamente pago, com meu dinheiro e com o seu. Não se submetem a interação social com os habitantes locais, e no meio em que se locomovem, a bajulação é a tônica. Embora saibam que são desonestos, não se interessam, desde que paguem regiamente e é exatamente isso que fazem. Não tem nenhum problema e não se submetem a nenhuma humilhação, como eu ou você!

Não é fácil, ser chamado de "ladrão" por tabela, sem ter nada a ver com o peixe!

Não é fácil ser taxado de desonesto, sem sequer ter participado da divisão dos dividendos da "propina!"

Então, em qual parte do mundo, eu vou sentir "orgulho de ser brasileiro?!"

Talvez no Iraque, no Afeganistão, em algum outro país da África, porque do Brasil, eles só se lembram do Ronaldo, do Pelé, porque eles (os habitantes desses países) acreditam que no Brasil, nada mais se faz do que jogar futebol e só. Menos pior do que pensava Frank Sinatra, antes de vir ao Brasil, porque achava que só havia selva, banana e macacos!

O "sub-produto" do meio, os grupos terroristas Al Khaeda e o Estado Islâmico, talvez tenha lá algum respeito, pois, sabe que o brasileiro é completamente inofensivo e, no seu entender, quase que completamente retardado e com esses predicados, não ofereceria perigo para ninguém, daí o motivo do respeito...

Racionalmente, com o razão o cidadão americano, ostenta sua bandeira: nos carros, nas casas, nos prédios, nos filmes... pode observar, todo filme americano, sempre aparece uma bandeira vermelha, azul e branca, tremulando!

E poderia ser de outra forma?

Poderia se portar de outra maneira, os habitantes de um país que tem lá suas dificuldades, suas taxas de desemprego, sua cota de preconceito e racismo, mas, que as coisas funcionam?!

As leis funcionam, a segurança pública funciona, os políticos respeitam seus eleitores, existe até um "salário mínimo" de verdade, plano de saúde, seguro desemprego de verdade e sobra de Imposto de Renda, o Governo devolve em cheque pelos correios!

Aqui, ao contrário, não racionalmente, mas, instintivamente, o brasileiro acaba tendo pavor de seus políticos, vergonha de sua bandeira e tristeza pelo seu país. Todo brasileiro, ama sim, o Brasil, tanto quanto os americanos amam o país deles, mas, por se sentir ludibriado, enganado e ridicularizado, não se sente a vontade para gritar o tal de "orgulho de ser brasileiro!"

Atualmente, quem se sente tranquilo para gritar esse lema, por ter ficado multi, multi milionário às custas do dinheiro desviado da Nação, é o Lula e família, a Dilma e Família, Michel Temer e família, Eduardo Cunha e família (mesmo preso), Cabral e família, etc.

Enquanto isso, a gente paga a conta!

Aí vem a pergunta que não quer calar (uma delas, é verdade): quando eu vou sentir orgulho do Brasil e ficar feliz por ser brasileiro?!

Posso lhe afirmar com toda a certeza, que não vai ser após a reforma trabalhista do Temer e nem após a reforma da previdência, esta, segundo eles, a vilã, por toda a desgraça que aconteceu no país até... Será?!

Quem viver, verá!!!

CAPÍTULO XII

<u>O VERDADEIRO MASCARADOR DOS SENTIMENTOS!</u>

No passado andei comprando alguns livros após ter lido o prefácio e "me dei bem!"

Em alguns casos o conteúdo, superou em muito as minhas expectativas, tal fluidez da leitura e explicações!

Algumas vezes, contudo me dei mal, porque o conteúdo, fora completamente diverso do que especificava na abertura do livro o autor.

Um determinado livro, que há muito eu gostaria de ler, para ratificar algumas de minhas teorias, sobre a possível "utilidade prática" do sofrimento, sofreu um "abalo fatal", quando li o primeiro capítulo virtualmente e tudo que eu imaginava caiu por terra.

Não que o livro fosse ruim, mas, uma frase infeliz do Escritor (no caso, um Psiquiatra que havia sobrevivido ao campo de concentração nazista, situado na Polonia, o Auschwitz), me fez perder completamente o foco!

Mas não foi de todo relegado a segundo plano, uma vez que a própria figura do médico em si, já era um testemunho de dedicação, sobrevivência, persistência, fé e acima de tudo amor ao próximo, não havia mais necessidade de nenhum livro, bastante seu testemunha individual, já seria o suficiente!

Após a "estadia" no "verdadeiro inferno", o Psiquiatra, muito observador, conseguiu observar com frieza, os dois lados, tanto dos prisioneiros, quanto dos seus algozes, no caso, os guardas nazistas e mesmo aí, descobriu que entre os reclusos haviam os totalmente desprovidos de caráter, os bondosos e os indiferentes e do outro lado também. Haviam os guardas que desempenhavam somente suas funções, por cumprimento de obrigação e aqueles outros que se deleitavam com a situação humilhante daqueles outras criaturas, no caso, os judeus.

Descobriu, então, que entre os abastados e piores povos, que seja, haviam bons homens e mesmo entre os prisioneiros, onde deveria haver e existir respeito e amor entre eles, havia ainda aqueles que encontravam tempo para discórdia, picuinhas e fofocas!

Finda a 2ª. Guerra Mundial, extinto o campo, embora ainda continue "firme e de pé", o Psiquiatra saiu de lá completamente fortalecido. Se tornou melhor, mais sensível, respeitou ainda mais os seres humanos e passou a dar muito mais valor a vida, além de passar sua história adiante como forma de auto-ajuda àqueles que padecem humilhações!

Com certeza, ele jamais teria se tornado o homem e o médico que se tornou, se não tivesse passado pelo que passou!

O sofrimento foi todo o material que necessitava para que, transferido em forma de teoria para sua carreira, se tornar grande orientador e ótimo médico!

Mas, ainda aí, há sim, que se levar em consideração seu caráter. Seu desejo de observar, ajudar o semelhante e acima de tudo não se revoltar, com tão semelhante devassidão e miséria! Caso contrário, nada teria aprendido, de nada teria valido todo aquele "circo de horror!"

Em suma, é possível concluir que a mordomia, o conforto, o acesso fácil ao estudo, um alto salário, sem dúvida nenhuma pode criar sim, um homem de bem, mas, para fazer a diferença, há a necessidade, de ter vivenciado de dentro uma situação limitadora da capacidade de agir e não há que se levantar suspeitas nesse sentido, porque o mundo, está repleto de exemplos parecidos de pessoas que após passarem por uma situação imensa de miséria, injustiça e pobreza, deram a "volta por cima" e se tornaram seres, totalmente transformados e dignos de serem seguidos.

Vinte anos. Vinte anos, não são vinte dias e nem o período longo de vinte meses. São duas décadas. A quinta parte de um século. Esse foi o tempo que Nelson Mandela passou preso, por um crime desconhecido. Superou, foi libertado, homenageado e se tornou um dos melhores presidentes que teve a África do Sul, além de ídolo mundial.

Abraham Lincoln, outro exemplo, passou a vida inteira sendo derrotado, caindo, levantando, candidatou-se oito vezes para a presidência dos Estados Unidos e se tornou um dos melhores presidentes que aquele país testemunhou.

Não muito percalços, enfrentou Barack Obama, sendo eleito e reeleito presidente num dos países mais racista do mundo, depois do Brasil, é claro. Venceu e fez história e o mundo vai se lembrar dele, enquanto vida for vida e mundo for mundo. O negro que venceu o preconceito, a segregação racial e galgou o mais alto posto de poder que existe sobre a face dessa Terra, ou não?!

Infelizmente, algumas pessoas, colocam o conforto acima de tudo, a regalia como objetivo de vida, a riqueza como a "última fronteira" e o poder como meta de uma existência. Vão se surpreender, (exceto as mulheres), quando tomarem posse de tudo e perceberem que não acham totalmente preenchidos e ainda se vem, totalmente destituídos de felicidade, que acreditaram "mandariam comprar", não é isso?

Um homem, que poderia ser exemplo, para seus conterrâneos, seus contemporâneos e seus pares, como um grande vencedor, superador de obstáculos e de pobreza, tornou-se nada mais, nada menos que "o grande traidor!"

CAPÍTULO XIII

<u>SAN PIEDRO – PARA OS POLÍTICOS BRASILEIROS!</u>

Quando você pensa que viu de tudo nessa vida, humildemente, se tiver um pouco dela, que muita coisa ainda está para surgir e muita coisa acontece no mundo sem que se tenha notícia, corroborando aquilo, que provavelmente William Shakespeare disse: "há muito mais mistério entre o céu e a Terra que pode supor a nossa vã Filosofia!"

Não necessariamente no campo da teoria ou da filosofia, mas, de conhecimentos de uma forma geral, descobrimos coisas terríveis e nesse mundo, raramente, boas. Geralmente descobertas muito más. Muito cruéis, quase inverossímil, só que reais (para não dizer, só que não!)

A miséria que alguns povos padecem pelo mundo afora, é terrível. Irracional mesmo, fazendo com que a Terra seja realmente, a semelhança de um "planeta prisão", onde uma grande maioria padece a suprema injustiça e uma pequena parcela desfruta de tudo!

Há alguns meses, talvez anos atrás assisti um documentário sobre uma terrível prisão que existe lá na Sibéria, em Moscou, a qual, pela disciplina, inflexibilidade, faria qualquer um "tremer nas bases".

Começando pela temperatura que pode chegar a incríveis – 40 o negativos.

Depois, o sistema de locomoção dos prisioneiros, os quais, devem caminhar: algemados, com as mãos para trás, cabeça abaixada , quase na altura dos joelhos e todos, destinados a penas de mais de 50 anos de verdade.

Do lado de fora, imensos cachorros vorazes, denominados "Mastin Tibetano", os quais, tem o poder de estraçalhar um ser humano em "poucas bocadas!"

Em suma: não existe fuga, nunca houve!

As prisões brasileiras, sem chegar a tal exagero, sob outros aspectos, nem animais deveriam ficar, contudo, perto daquilo, da prisão denominada "Golfinho Negro", seriam, verdadeiro paraíso de férias...

Mas, pesquisando, detectei algo quase que inacreditável, se não tivesse lido algumas linhas e visto algumas imagens.

Trata-se de uma prisão, onde deveria ser colocados a grande maioria dos políticos brasileiros, dado a "liberdade", que lá se goza...

Não tem guardas, não tem disciplina do Estado, controle, regras, etc., os presos fazem as suas próprias leis. Não tem câmeras, não tem grades, somente na entrada do presídio... mas, que espécie de prisão é essa? De um país de primeiro mundo? De uma Nação evoluída?

Não! Não, mais uma vez não!

Trata-se de longe, de uma das "piores" prisões sobre a face da Terra.

Localizada na capital boliviana de La Paz, a prisão "San Piedro", é o pesadelo de qualquer detento, o terror de qualquer prisioneiro!

Houve uma cisão radical no ano de 2002, devido ao fato do governo não ter mais condições de "bancar" as despesas do presídio, resolveu, deixar os detentos, largados a própria sorte e imediatamente, logo surgiram a liderança independente, nos locais, para não deixar a coisa degringolar de vez, mas, totalmente alheia e distante dos padrões de moral e educação que se conhece até então!

Lá, é liberado (sob controle) a venda de drogas, o uso delas, a prostituição, o homossexualismo, os estupros, etc. Porque os responsáveis pelo poder paralelo são criminosos e como não se poderia esperar muito dessa espécie de gente, eles apenas impõe suas regras e disciplinas, mas, os presos tem que se virar, arranjar dinheiro para distribuir com os chefes!

Crianças circulam pelo local!

Algumas mulheres acompanham seus maridos e o que aqui até poderia ser o sonho de todo presidiário, tanto da parte da mulher quanto da parte do homem, lá eles não tem escolha. Ou as mulheres com um ou outro filho, se estabelece vivendo em condições sub-humanas ou morrem pelas ruas de La Paz e adjacências, pois lá não existe serviço social, assistência médica ou auxílio desemprego. Somente assim, para entender como os nossos "vizinhos", quando aqui residem, ficam tão felizes por poderem pelo menos ter o dinheiro para comer e para beber, é um paraíso para eles, salvo, nossas grandes dificuldades!

Lá, naquela prisão, sem medo de errar, eu poderia dizer: "lugar, onde o filho chora e a mãe não vê!"

O Estado, o Poder Público, a Polícia, a Assistência Social, etc., é ruim, execrável para algumas pessoas, mas, conhece aquele outro dito popular: "ruim com eles, pior sem eles?!" Pode acreditar, vendo aquilo, é possível compreender essa nuança!

Por não haver a influência do Estado, vez ou outra alguém desaparece repentinamente, sem haver qualquer investigação policial, judicial etc., para quem gosta de "Anarquia", ali dá para se ter ideia de como as coisas funcionam, ou melhor como as coisas que funcionam pessimamente, deixa de existir e o que acontece posteriormente a isso: o caos, a verdadeira miséria social, a violência sem punição contra a mulher e contra a criança... um purgatório, um inferno!

Observando a depressão que caiu o ex-juiz "Lalau" por cumprir sua "terrível" pena numa mansão... isso é uma verdadeira piada em vista de algumas situações que ocorre por esse mundão!

É impossível ler, ver o que se passa num local como aquele e não se voltar sobre a nossa própria situação no tempo e no espaço. Porque desde o lixo tóxico, jogado nos recônditos dos oceanos até essa condição de segregação e flagelo humano que padecem essas pessoas, todos tem uma parcela de culpa!

Em suma, o egoísmo explica todo o resto e o dinheiro desviados dos cofres públicos do povo brasileiro, indiretamente contribui para que a pobreza e a depravação se espalhe por aí.

CAPÍTULO XIV

<u>DE MADRUGADA ATÉ A NOITE...</u>

E ainda no decorrer do dia, só se fala de corrupção, só fala de farra e de mordomia!

Aquelas pessoas que teoricamente, deveriam dar o exemplo de bom comportamento, são os primeiros a se envolverem em fraudes (pastores, bispos, "apóstolos" modernos), quiçá todo o resto!

Aqueles outros senhores não podem...

Eles não podem fazer aprovar leis duras, penas severas, Código rígido, correndo eles, primeiramente, o risco de serem eles próprios punidos. Nada vão fazer!

Por exemplo, se um indivíduo é desonesto, completamente astuto, como poderá assinar uma espécie de penalidade, cujos efeitos serão primeiramente sentido por eles?!

Em todas as camadas sociais, existe a influência do "tal do jeitinho à brasileira", ou seja, uma maneira de burlar o sistema e arcar com poucos prejuízos e usufruir o máximo que puder das regalias!

No Brasil, formou-se a "cultura" da esperteza, o reinado da corrupção!

E mais, até os operários, podem sucumbir ao peso do ouro!

Veja-se por exemplo, aquele outro operário, o que foi que fez em benefício de seus familiares e finalmente, inescrupulosamente, vendo-se acuado, resolveu transferir e imputar alguns de seus crimes, a sua deselegante e falecida mulher!

O quer dizer em outras palavras, que, bastante o indivíduo conseguir algum poder, algum posto, onde de algumas forma tenha que lidar com dinheiro, para jogar por terra, toda espécie de ideal que possuía ou pelo menos, dizia ter e possuir!

No entanto, não existe meio mais espúrio, mais esdrúxulo, mais imundo, do que no meio político, pois, lá aprende-se além de ser "profissionais da desonestidade", a ser completamente hipócrita, ou seja, mentir, sem ficar constrangido!

E de madrugada, durante todo o dia, a todo momento que se ligue a televisão, se abra o jornal, verifica-se um escândalo atrás do outro. Mas, no ranking das falcatruas, lidera com margem, o Legislativo, depois, o Judiciário, Ministério Público, a Polícia vem em seguida, porque apesar da grande maioria ser de "pedinte", a quantidade de "custas" "liberadas", são insignificantes!

E depois, a sociedade alta como um todo. Os empresários, os empreiteiros, os executivos!

Suas "aspirações", nesse último caso, não tem limites e nem segue um padrão!

Contudo, todos eles, em comum tem algo: todo o bem possível para si e para os seus e tudo de mal para o semelhante, o seu próximo! E como são inescrupulosos, não se constrangem, quando veem a sociedade menos favorecida, se endividar, se complicar, sofrer, sem solução para os seus problemas!

Se não fosse assim, o Fernando Henrique Cardoso, não teria dito, que o salário mínimo, pago atualmente no Brasil, "está muito alto!"

Porém, quando vai no restaurante, só sua sobremesa, passa de dois mínimo e o prato principal, o que o operário, passa um ano para ganhar!

Eis o tipo de gente que governa o Brasil e circula pelos corredores da tal capital federal!

Existe um apresentador de televisão que costuma gritar que o brasileiro tem que "descontar" nas urnas... aí eu pergunto: como?!

Não há ninguém em quem votar, do executivo, empresário que assume o poder nesse país, até mesmo um operário, torna-se imediatamente "ladrão!"

Como é possível aceitar que uma pessoa que ganhe algo em torno de R$ 30000,00, R$ 40000,00 , se deixe dominar pela ganância e ambição e exija uma "participação" maior dos lucros, num país onde a grande maioria, ainda ganha menos que um salário mínimo?!

Inadmissível! Inaceitável!

Todos eles, agem como se a vida não fizesse sentido, tudo que importa é roubar, desviar verbas, enganar, etc., sem maiores consequências para suas vidas, seu futuro e seu clã!

Ledo engano, tudo que se pega, vai ter um dia que ser pago!

Tudo que estão pegando emprestado, sem autorização, vão ter que restituir um dia!

Seu maior e falta engano, no entanto, consiste, em acreditarem veementemente, que o mundo está entregue ao caos, não existe um Poder Superior, um Deus que governa nossas vidas e a verdade não prevalecendo, em alguma ocasião voltará, para cobrar sua posição!

Ou seja, por bem, ou seja por mal, em alguma ocasião no futuro o brasil e o brasileiro, vai ter que mudar para crescer, para melhorar sua posição entre os países mais corruptos que existe!

CAPÍTULO XV

<u>UMA COISA PRECISA FICAR BASTANTE CLARA...</u>

Embora aparentemente pareça haver diferença, entre o indivíduo que furta uma batata, aquele outro que rouba uma carteira ou um telefone e aquele outro que desvia um bilhão de uma Nação, no "frigir dos ovos", não existente diferença nenhuma!

Isso porque, crime do "colarinho branco" , crime do "colarinho preto" e todo o resto, são exatamente iguais, pois, deve-se avaliar o comportamento de cada indivíduo e não o montante que desviaram ou se apropriaram, no final das coisas, a violência implícita que é a do grande empresário ou do "grande político" que "discretamente", desvia milhões e a violência explícita praticada por um ladrão de arma em punho, possui os mesmos complicadores!

O problema está justamente no valor que se atribui a um grande ladrão e a um pequeno ladrão!

A sociedade o quis assim! É ela que denomina um e atribui a outro um posto mais sofisticado no crime, acreditando que aquele indivíduo que a mandado de um presidente, transporta uma de dinheiro de origem duvidosa e aquele que arrebata um celular do pobre do trabalho, mas, não há diferença entre eles!

Nem todos que são iguais perante a lei, são verdadeiramente iguais, conquanto, todos aqueles que aparentam se diferenciar pelo quantidade de dinheiro que desviam ou que roubam, embora se diferencia pelo luxo, pelo requinte empregado, são no fundo, exatamente iguais. Sendo certo que o prejuízo daquele que é vítima de roubo a mão armada, é imediato, enquanto que o prejuízo daquele que tem seu dinheiro usurpado pelo empresário astuto e pelo político vigarista, somente mais tarde vai ser sentido!

A grande diferença é que os ladrões fuleiros, se presos, imediatamente são conduzidos ao cárcere e sentem na pele o peso da lei , enquanto que os outros, além de não serem punidos imediatamente, ainda criam as leis, para tentar não ser atingidos por elas!

Mas, uma coisa precisa ficar bastante clara: ladrão é sempre ladrão, quer roube uma carteira, um banco ou uma Nação!

O grande engano, provem justamente do fato daqueles que possuem acesso fácil as contas do Município, do Estado ou do País, de alguma forma se acharem "especiais", diferenciados e "acima do bem do mal!" E não são e não estão!

Mas, acima de tudo o que reina nesse meio (meio mais sofisticado do crime), é o desdém, a indiferença, o desrespeito, pelo próximo. Não temem nada, desdenham a Deus, humilham os semelhantes e inescrupulosamente traem aqueles que os elegem. Literalmente, "cospem" no prato que comem e ainda acreditam que nunca devem ser punidos por seus crimes. Acusados e acuados, saem sempre com o mesmo chavão repetitivo: "é perseguição política!"

Nesse aspecto, os pequenos ladrões, estão anos luz a frente, porque não ficam choramingando como "mulherzinhas", alegando isso, alegando aquilo, etc. Não tendo a quem recorrer, vão lá enfrentar suas penas calados.

Quem estabeleceu a diferença entre o político, o empresário (desonestos) e os outros ladrões?! A própria sociedade brasileira, que se lisonjeia, quando sente seu ego massageada e se orgulha quando ver seus representantes, embora corruptos, ostentarem contas bancárias vultosas, carros importados e mansões no exterior, particularmente, na Europa.

Dia virá em que o home público, trabalhando em prol do povo, vai ter orgulho em vir a público e explicitar cada centavo do dinheiro público que gastou e como gastou e vai sentir que não fez mais que sua obrigação, enquanto que todos os outros ladrões, deixarão de roubar, porque aqueles outros abandonando o "ofício", sobrará um pouco mais para combater a desigualdade social e exceto um ou outro, que "possui defeito de fábrica", ou seja, desvio gravíssimo de caráter, todo o resto se contentará em conseguir um trabalho bem remunerado e bem alimentado, deixará a antiga ocupação!

CAPÍTULO XVI

<u>PARA GOVERNAR O PAÍS!</u>

Não há a necessidade de doutorado pela USP ou ter-se cruzado os portais de HARVARD e por lá ter adquirido alguma graduação. Não!

Não precisa ser "bom de lábia" e nem ser intelectual, cientista, sociólogo, anestesista, economista, etc., está provado que aqui no Brasil, título não funciona para esse cargo. Ao que tudo indica, na primeira quantia oferecida, o sujeito esquece os títulos, esquece os ideias, esquece a formação e vai juntamente com os criminosos pegar sua parte!

Por isso, essa teoria caiu por terra, pode ser que lá em algum país da Europa, da Ásia, do Oriente Médico, seja essa, uma condição exigida para governar. Aqui ficou provado, que tanto o doutor, quanto o semianalfabeto, alçado à condição de líder máximo da Nação, não resiste a tentação e vira um simples "ladrão".

Havia ainda a esperança de que aquele operário, quebrasse o tabu e estabelecesse novas regras: foi o pior!

Vendeu o Brasil, formou a maior quadrilha que se tem notícia, desviou bilhões para contas no exterior e ainda por cima, com a maior cara de pau, vem falar que ainda é pobre que nunca fez questão se tornar milionário. Mas, essa não é a pior parte da história. A pior parte é encontrar gente crédula que acredita nele!

Saindo de sua "zona de conforto" e instado a posar para uma fotografia com um livro na mão, não teve sequer o cuidado, de não apresentar a capa do livro de cabeça para baixo.

Uma coisa é certa. Ele até pode não saber ler direito e nem escrever. Pode até não dominar nenhum outro idioma, muito menos o Português, pode até ser muito lento, no raciocinar, mas, para desviar recursos, é um verdadeiro "míssil". Rápido no gatilho. Seu maior desespero foi ir para o segundo Mandato presidencial e "pessimamente remunerado", sentiu a urgente necessidade de fazer "um pé de meia" para o futuro, tanto para si, quanto para seus familiares e amigos mais próximos. E assim o fez!

Dado ao vício do álcool, apreciador de boas "cartas" de vinhos, tanto quanto "bom de garfo", dilapidou o tesouro brasileiro, preocupado com o futuro de seus asseclas e seu clã! Amparado até então, pela total impunidade que existia no Brasil, acreditou que ninguém nunca descobriria suas falcatruas: foi descoberto!

Foi descoberto, mas, como paga uma banca de péssimos advogados, é orientado a negar até o final, exatamente igual ao Paulo Salim Maluf, que até sua condenação, zombando dos contribuintes e eleitores asseverava, satírico: "esse dinheiro não é meu!" Do mesmo expediente usa o sr. Luiz Inácio Lula da Silva, Dilma Roussef, Michel Temer, Sérgio Cabral e "sua sobra de campanha", etc. Descoberto, todos os seus comparsas foram processados e presos e ele ainda está se safando e conclamando seus correligionários, otários a lutarem por ele. Em outras palavras: pegou o quanto quis de dinheiro, usufruiu o quanto o pode e o cargo permitia, agora que a "casa está ameaçando cair", desiludido, temeroso, quer que outros, paguem pelos inúmeros crimes que cometeu e vai achar... Mas, ele também precisa ser preso para poder "moralizar esse galinheiro!'

Sendo assim, é forçoso concluir, que qualquer um pode comandar o Brasil, desde que: tenha respeito pelo semelhante, tenha respeito a Deus, não seja fanático por religião, não seja ambicioso excessivamente e nem egoísta e apenas pense em cumprir seu dever, porque na verdade, um presidente, um Deputado, um Senador, um Ministro do STF, são também trabalhadores e como os demais do país inteiro, precisam agir como tais. Chega de se acreditarem estar acima do bem e do mal! Chega de acharem que devem possuir foro privilegiado! Chega de acreditarem que a prisão não lhes diz respeito e chega de estipularem quando devem ganhar, como tem que trabalhar e quanto devem se aposentar!

Mas, se não houver nenhum homem ou mulher com alguma virtude para exercer o mister, não precisa muito não, basta, arranjar um ou arranjar uma, que tenha simplesmente: VERGONHA NA CARA!!! Já será o suficiente!

<u>**A NOVELA VAI CONTINUAR**</u>

<u>**AINDA ALGUMAS PALAVRAS SOBRE**</u>
<u>**DESVIOS E VIOLÊNCIA!**</u>

Não há nada mais violento do que assistir a esses mais recentes vídeos, mostrando escrachadamente, esses "pequenos" ladrões, atirando, tomando, à força, os bens dos cidadãos comuns!

Porém, mas, violento que esse ato é a omissão daqueles que poderiam melhorar as leis para uma punição adequada, fortalecer as instituições policiais, concedendo salários dignos e condições para aqueles seres estigmatizados, tenham condições de se tornarem mais fortes e entusiasmados por sua profissão1

Veja-se por exemplo, o governador de São Paulo, é o inimigo das instituições de Segurança Pública, governa como se estivesse administrando para a elite e esquecendo completamente professores e mesmo médicos... policiais, nem se fala!

Um homem público, precisa ter a mente aberta, não pode governar com ódio e nem rancor. Tem que ter discernimento suficiente, para tratar todos igualmente, sem revanchismo. Pegou a "cartilha" do seu antecessor, decorou-a e cumpre a risca os detalhes no tocante é relegar políticas de Segurança. Enquanto isso, aquele partido do crime, que era insignificante, vai crescendo, vai dominando. Na Colombia, foi assim, quando deram por si, o mal já estava feito e somente de uns meses para cá, conseguiram demover os guerrilheiros das FARCS, de seu domínio paralelo. Raras foram as batalhas que o exército ganhou!

Com a postura "desse homem", tudo está se encaminhando para algo parecido, talvez não o consigam, dado as extensões continentais do Brasil. Espero estar equivocado.

O desejo, o apetite que desenvolveu-se no Brasil "pela coisa alheia", tornou esse negócio, uma espécie de doença. Um ramo ainda não qualificado de vício.

Não existe nada que faça esses senhores temerem, pararem e refletirem sobre sua situação presente e futura. Nada os faz assustar. Nem doença, nem a morte de seus entes queridos, os faz tirar o pensamento da vontade de ter!

Em partes, até os entendo e não aceito, é claro!

Nada vem além de onde alcança suas vistas. Não se esforçam para adquirir algo mais além dos bens e pouco importando com seu futuro, só pensam no presente e negligenciam o passado, se um dia tivera que se esforçar para chegar onde chegaram.

Mas, enfim, um dia a verdade chega para todo mundo. Sorte daqueles que ainda conseguem ser presos, nessa oportunidade. Caso contrário, haverá muito tempo na eternidade, para devolverem o que se apropriaram e repensar por muitos anos sobre seu passado, até quem sabe um dia chegarão, a ser seres normais.

9 781521 519233